ÉTABLISSEMENTS FRANÇAIS DE L'OCÉANIE

DÉCRET

SUR LE

SERVICE FINANCIER DES COLONIES

(20 NOVEMBRE 1882)

ARRÊTÉ LOCAL DE PROMULGATION

RAPPORT MINISTÉRIEL AU PRÉSIDENT DE LA RÉPUBLIQUE FRANÇAISE

PAPEETE

IMPRIMERIE DU GOUVERNEMENT

1883

TABLE DES MATIÈRES

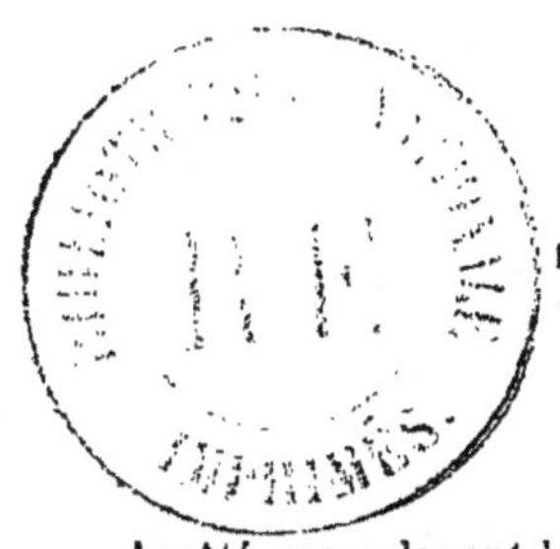

DÉCRET SUR LE SERVICE FINANCIER
DES COLONIES.

TITRE PREMIER.

Services compris dans les budgets de l'État et exécutés aux colonies.

TITRE II.

Service local des colonies.

TITRE III.

Service des communes et des établissements publics.

TITRE IV.

Service de trésorerie.

TITRE V.

Examen et contrôle administratif et judiciaire des comptabilités coloniales.

TITRE VI.

Service des agents et des comptables chargés de l'assiette et de la perception des produits et du payement des dépenses, ainsi que des services exécutés en dehors des budgets.

TITRE VII.

TITRE VIII.

TITRE IX.

ARRÊTÉ

PROMULGUANT LE DÉCRET SUR LE RÉGIME FINANCIER DES COLONIES.

LE Capitaine de vaisseau, Gouverneur des Établissements français de l'Océanie,

Vu l'article 65 de l'ordonnance du 27 août 1828;

Sur la proposition du Directeur de l'Intérieur et du Chef du service administratif de la marine,

ARRÊTE :

Art. 1er. Est promulgué dans les Établissements français de l'Océanie le décret du 20 novembre 1882 sur le service financier des colonies.

Art. 2. Le Directeur de l'Intérieur et le Chef du service administratif de la marine sont chargés, chacun en ce qui le concerne, de l'exécution du présent arrêté, qui sera publié et enregistré partout où besoin sera.

Papeete, le 14 février 1883.

Signé : F. DES ESSARTS.

Par le Gouverneur :

Le Directeur de l'Intérieur,   *Le Chef du service administratif de la marine,*
Signé : GERVILLE-RÉACHE.   Signe : A. S.-LUZIO.

RAPPORT

AU PRÉSIDENT DE LA RÉPUBLIQUE.

———

Paris, le 15 novembre 1882.

MONSIEUR LE PRÉSIDENT, — Le conseil d'État avait délibéré et adopté dans sa séance du 29 juin dernier un décret que vous avez bien voulu signer le 15 septembre et qui a pour but :

1° De ramener les attributions exercées par le commissariat de la marine aux colonies à celles qui sont exercées en France par le même corps ;

2° De concentrer entre les mains du Directeur de l'Intérieur l'action dévolue aux Ordonnateurs en ce qui touche les services civils compris dans le budget de l'État ;

3° Enfin de donner aux trésoriers-payeurs plus d'initiative et de responsabilité au point de vue de la direction même du service du Trésor.

Mais, ainsi que j'ai eu l'honneur de l'expliquer dans le rapport que j'ai mis sous vos yeux à l'appui de ce décret, les dispositions que vous avez bien voulu sanctionner ne faisaient qu'établir, en principe, le rôle qui devait revenir désormais à chacun des fonctionnaires qui y étaient visés, et il restait à les pourvoir, dès le 1er janvier prochain, de moyens d'exécution. J'ai donc été conduit à faire réviser dans ce sens le décret du 26 septembre 1855 sur le service financier des colonies, en tenant compte également des modifications introduites dans la législation coloniale par les sénatus-consultes et les différents actes du Gouvernement.

J'ai confié ce travail à une commission dans laquelle le département des finances était représenté, et j'ai l'honneur de soumettre à votre signature le projet qu'elle a préparé. Toutes les dispositions qui y sont contenues ont reçu l'approbation du ministre des finances, sous la réserve, bien entendu, des modifications qui pourront être ultérieurement jugées nécsssaires par la commission chargée de procéder à la révison du décret du 31 mai 1862 sur la comptabilité publique.

Je vous prie d'agréer, Monsieur le Président, l'hommage de mon profond respect.

Le Ministre de la marine et des colonies,
Signé : JAURÉGUIBERRY.

DÉCRET

SUR LE SERVICE FINANCIER DES COLONIES.

Le Président de la République Française,
Vu le décret du 26 septembre 1855 sur le service financier des colonies ;
Vu le sénatus-consulte du 4 juillet 1866 réglant la constitution des colonies de la Martinique, de la Guadeloupe et de la Réunion ;
Vu le décret du 31 mai 1862 portant règlement général sur la comptabilité publique, ainsi que le règlement arrêté le 14 janvier 1869 pour servir à l'exécution de ce décret en ce qui concerne le département de la marine et des colonies ;
Vu le décret du 15 mai 1874 portant organisation de la trésorerie de Cochinchine ;
Vu le décret du 12 décembre 1874 concernant le gouvernement de la Nouvelle-Calédonie et celui du 16 février 1878 portant création à la Guyane française d'une direction de l'administration pénitentiaire ;
Vu le décret du 5 juillet 1881 portant établissement en Cochinchine du budget local en piastres ;
Vu le décret du 15 septembre 1882 rendu en forme de règlement d'administration publique, et qui modifie l'organisation administrative des colonies de la Martinique, de la Guadeloupe et de la Réunion ;
Vu le décret du 3 octobre 1882 apportant les mêmes modifications dans l'organisation des autres colonies ;
Sur le rapport du Ministre de la marine et des colonies et du Ministre des finances,

DÉCRÈTE :

TITRE Ier.

Services compris dans les budget de l'État et exécutés aux colonies.

CHAPITRE Ier.

SERVICES DONT LES DÉPENSES SONT ACQUITTÉES AU MOYEN D'ORDONNANCES DE DÉLÉGATION.

Art. 1er. Les recettes faites aux colonies pour le compte du budget de l'État sont les suivantes :

1° Le contingent à fournir, s'il y a lieu, au Trésor public par les colonies, en exécution de l'article 6 du sénatus-consulte du 4 juillet 1866 et des lois annuelles de finances ;

2° Le produit de la rente de l'Inde ;

3° Les retenues exercées en vertu de la loi du 9 juin 1853 sur le service des pensions civiles ;

4° Les produits de vente et cession d'objets appartenant à l'État ; les restitutions de sommes indûment payées, et en général tous les autres produits perçus dans les colonies pour le compte de l'État.

Art. 2. La perception des recettes comprises dans le budget de l'État est faite, sous la direction du ministre des finances, par les trésoriers-payeurs, ou pour leur compte par les autres comptables du Trésor dans les colonies.

Art. 3. Les dépenses acquittées aux colonies à la charge de l'État, sont :

Les dépenses de gouvernement et de protection ;

Les subventions à l'instruction publique ;

Les subventions accordées, s'il y a lieu, au service local en exécution de l'article 6 du sénatus-consulte du 4 juillet 1866, et généralement toutes les dépenses dans lesquelles l'État a un intérêt direct et qui sont mises à la charge de la métropole par les lois annuelles des finances ou par des lois spéciales.

Art. 4. Sont ordonnateurs secondaires aux colonies :

L'officier du commissariat, chef du service administratif, pour les dépenses des services militaires et maritimes ;

Le directeur de l'intérieur, pour les dépenses des services civils compris dans le budget de l'État ;

Le directeur de l'administration pénitentiaire, pour les dépenses du service pénitentiaire.

Art. 5. Les ordonnances par lesquelles le ministre de la marine et des colonies délègue aux ordonnateurs secondaires les crédits afférents aux dépenses comprises dans le budget de l'État, dont le montant doit être acquitté aux colonies, peuvent être émises avant l'ouverture de l'exercice.

Avis de ces ordonnances est adressé par le ministre de la marine et des colonies aux ordonnateurs secondaires ; notification en est faite par le ministre des finances aux trésoriers-payeurs.

Art. 6. En cas de retard dans l'arrivée des avis d'ordonnances de délégation annoncés par le ministre de la marine et des colonies, ou des extraits adressés aux trésoriers-payeurs par le ministre des finances, les gouverneurs peuvent, s'il y a urgence, ouvrir aux ordonnateurs secondaires les crédits nécessaires pour l'acquittement des dépenses.

Les arrêtés portant ouverture de crédits sont délibérés en conseil et notifiés aux trésoriers-payeurs. Copie en est immédiatement adressée au ministre de la marine et des colonies et au ministre des finances.

Art. 7. Les ordonnateurs secondaires peuvent sous-déléguer une portion des crédits qui leur sont délégués, sur une autorisation spéciale et motivée du gouverneur en conseil, et seulement lorsqu'il est reconnu que des distances considérables les mettent dans l'impossibilité de mandater les dépenses des établissements éloignés.

Art. 8. La clôture de l'exercice est fixée, pour les recettes et les dépenses qui se perçoivent et s'acquittent pour le compte de l'État aux colonies, savoir :

1º Au 28 février de la seconde année, pour achever, dans la limite des crédits ouverts, les services du matériel dont l'exécution commencée n'aurait pu être terminée avant le 31 décembre pour des causes de force majeure ou d'intérêt public qui doivent être énoncées dans une déclaration de l'ordonnateur ;

2º Au 20 mars de la seconde année, pour compléter les opérations relatives à la liquidation et au mandatement des dépenses ;

3º Au 31 mars de la seconde année, pour compléter les opérations relatives au recouvrement des produits et au payement des dépenses.

Art. 9. Lorsqu'il y a lieu de dégrever l'un des chapitres du budget de l'État du montant des sommes remboursées dans une colonie, pendant la durée d'un exercice sur les payements effectués dans cette colonie, l'ordonnateur secondaire en dresse un état détaillé qu'il remet au trésorier-payeur.

Cet état est appuyé des récépissés constatant le remboursement ; il est établi par exercice et par chapitre et indique la date et le numéro des mandats sur lesquels portent les annulations des dépenses.

Art. 10. Lorsqu'une dépense a reçu une imputation qui ne peut être régulièrement maintenue, il est remis au trésorier-payeur par l'ordonnateur secondaire un certificat de réimputation, au moyen duquel le comptable augmente les dépenses d'un chapitre et atténue d'une somme égale celles d'un autre chapitre ; ce certificat est réuni aux pièces justificatives de la gestion du comptable.

Lorsqu'une dépense régulièrement imputée par les ordonnateurs secondaires a été mal classée dans les écritures du trésorier-payeur, celui-ci établit un certificat de faux classement dont il fait emploi de la manière qui vient d'être indiquée pour le certificat de réimputation.

Art. 11. Au vu des pièces justificatives mentionnées aux deux articles précédents, le trésorier-payeur constate dans sa comptabilité les augmentations ou les diminutions de dépenses qui lui sont demandées. Il en donne immédiatement avis à l'ordonnateur secondaire. Au moyen de ces opérations, les crédits sur lesquels les dépenses annulées avaient été originairement imputées redeviennent disponibles.

Ces opérations s'effectuent aux colonies tant sur la gestion expirée que sur la gestion courante.

Art. 12. Les ordonnateurs secondaires émettent, en ce qui concerne leur service, les ordres de recette et de reversement dont le recouvrement doit être opéré par le trésorier-payeur, et en tiennent enregistrement.

Ces fonctionnaires sont tenus de remettre dans les cinq premiers jours de chaque mois, au comptable chargé de l'encaissement, un bordereau détaillé des ordres de recette ou de reversement qu'ils ont émis dans le mois précédent.

Art. 13. Les livres de la comptabilité administrative des ordonnateurs secondaires des dépenses sont au nombre de quatre, indépendamment des carnets de détail et des livres et comptes auxiliaires qu'ils peuvent ouvrir selon les besoins de leurs services respectifs, savoir :

1º Un livre-journal des crédits délégués (modèle nº 34 du règlement du 14 janvier 1869) ;

2º Un livre d'enregistrement des droits des créanciers (modèle nº 35 du règlement du 14 janvier 1869) ;

3º Un livre-journal des mandats délivrés (modèle nº 36 du règlement du 14 janvier 1869) ;

4º Un livre de comptes par chapitre de dépense (modèle nº 37 du règlement du 14 janvier 1869).

Ces livres, qui sont tenus par exercice, sont destinés à recevoir l'enregistrement successif des crédits ouverts, des droits constatés sur les services faits, des mandats délivrés, ainsi que l'inscription, par chapitre seulement, des payements effectués.

Art. 14. Le livre-journal des crédits délégués reçoit l'enregistrement sommaire et par chapitre du montant des ordonnances, dans l'ordre d'arrivée des lettres d'envoi portant avis de la délégation des crédits.

Il est également fait mention sur le livre-journal des crédits ou portions de crédits dont les ordonnateurs secondaires cessent d'avoir la faculté de disposer.

Art. 15. Le livre d'enregistrement des droits des créanciers contient l'indication sommaire, par chapitre, du montant des liquidations opérées pendant le mois, qu'elles soient ou non mandatées.

Il présente d'une manière distincte, en ce qui touche les dépenses du matériel, celles de ces dépenses qui sont payables dans la colonie et celles qui sont payables hors de la circonscription de l'ordonnateur secondaire, au moyen d'ordonnances ministérielles délivrées à Paris sur certificats comptables dressés dans la colonie.

Art. 16. Le livre-journal des mandats délivrés est consacré à l'enregistrement immédiat et successif, par ordre numérique, de tous les mandats individuels ou collectifs émis par l'ordonnateur secondaire.

Art. 17. Le livre des comptes ouverts par chapitre de dépense est destiné à rapprocher et à présenter sous un seul aspect, pour chaque chapitre de la nomenclature détaillée du budget, les crédits délégués, les mandats délivrés et les payements effectués.

Il est procédé à cet effet, pour les crédits et les mandats, au dépouillement : 1º du livre-journal des crédits ; 2º du livre-journal des mandats. Quant aux payements, les ordonnateurs secondaires les constatent sur le livre des comptes à la fin de chaque mois, d'après le relevé des mandats acquittés qu'ils reçoivent des comptables du Trésor dans les premiers jours du mois suivant.

Art. 18. Dans les premiers jours de chaque mois, et jusqu'à l'époque de la clôture de l'exercice, les ordonnateurs secondaires établissent une situation (modèle nº 38 du règlement du 14 janvier 1869), arrêtée au dernier jour du mois précédent.

Cette situation est relevée sur les livres officiels mentionnés à l'article 13 qui précède.

Elle présente par chapitre du budget :

1º Les crédits délégués ;

2º Les droits constatés et liquidés dont le montant doit être mandaté par l'ordonnateur secondaire ;

3º Les mandats délivrés ;

4º Les payements effectués.

Elle rappelle en outre, pour ordre, le montant des sommes liquidées et dont l'ordonnancement aura lieu à Paris.

Art. 19. Un relevé général et définitif des dépenses comprises dans l budget de l'État est adressé au Ministre de la marine et des colonies par les ordonnateurs secondaires, aux termes fixés pour la clôture du payement des dépenses de chaque exercice.

Art. 20. Les livres de comptabilité administrative tenus par les ordonnateurs secondaires, conformément aux articles qui précèdent, sont clos et arrêtés à l'époque fixée pour la clôture de chaque exercice.

Art. 21. Le Ministre de la marine et des colonies décrit distinctement dans sa comptabilité centrale toutes les opérations relatives à la fixation des crédits, à la liquidation, à l'ordonnancement et au payement des dépenses des services exécutés aux colonies et compris dans le budget de l'État.

Les résultats de ces opérations sont rattachés successivement aux écritures qui doivent servir de base au règlement définitif du budget.

Art. 22. Dans les premiers jours de chaque mois, les trésoriers-payeurs remettent aux ordonnateurs secondaires, en ce qui concerne les dépenses comprises dans le budget de l'État, le bordereau sommaire de leurs payements par exercice et par chapitres et articles. Les ordonnateurs secondaires revêtent ces bordereaux de leur visa et les adressent au Ministre de la marine et des colonies à l'appui des situations mentionnées dans l'article 18 précité.

Au moyen de ces bordereaux et de ceux fournis par le caissier du Trésor à Paris et les trésoriers généraux dans les départements, le Ministre établit le rapprochement des payements effectués pour les dépenses des services exécutés aux colonies et compris dans le budget de l'État avec les revues, décomptes et autres éléments qui ont servi de base à la liquidation des dépenses comprises dans le compte de chaque exercice.

Art. 23. Le Ministre de la marine et des colonies rend, pour chaque exercice, le compte des dépenses des services exécutés aux colonies et compris dans le budget de l'État.

A l'appui de ce compte et des développements qui accompagnent la loi de règlement définitif de l'exercice sont produits des tableaux faisant connaître le détail, par colonie, des résultats que contiennent ces comptes et ces développements.

Art. 24. Les recettes appartenant à l'État sont comprises dans le compte définitif des recettes de chaque exercice publié par le Ministre des finances.

Le détail des recettes par colonie est également donné à l'appui de ce compte.

Art. 25. Le règlement législatif de tous les services de recette et de dépense accomplis pour le compte de l'État aux colonies a lieu en même temps que le règlement des autres services métropolitains concernant le même exercice et prend place dans la même loi.

Art. 26. Les recettes et les dépenses effectuées par les trésoriers-payeurs pour le compte de l'État sont centralisées successivement dans les écritures annuelles et les comptes généraux de l'administration des finances, suivant le mode en usage pour les opérations effectuées par les comptables métropolitains.

Art. 27. La gestion annuelle des agents financiers aux colonies se compose des opérations accomplies du 1er juillet d'une année au 30 juin de l'année suivante.

Art. 28. Les services exécutés aux colonies et compris dans le budget de l'État sont, en tout ce qui n'est pas contraire aux dispositions qui précèdent, soumis aux règles générales de la comptabilité publique.

CHAPITRE II

DÉPENSES EFFECTUÉES AUX COLONIES ET ACQUITTÉES AU MOYEN DE TRAITES.

Art. 29. Les dépenses faites aux colonies au titre du service Marine et les dépenses payables sur revues pourront être acquittées en traites sur le Trésor public dites *Traites de la marine*. Ces traites ne peuvent être négociées.

Art. 30. Ces traites sont émises, sous toutes responsabilités de droit, par le trésorier-payeur, avec l'attache de l'officier du commissariat remplissant les fonctions de chef du service administratif. Dans les colonies où il existe un inspecteur des services administratifs et financiers, les traites sont soumises au visa de ce fonctionnaire.

Elles ne sont payables qu'après avoir été revêtues du visa d'acceptation du Ministre de la marine et des colonies.

Art. 31. Aux colonies, les bâtiments de guerre pourvoient directement à leurs propres besoins et liquident eux-mêmes leurs dépenses suivant les règles applicables aux dépenses faites en pays étrangers.

Toutefois le chef du service administratif demeure chargé de l'acquittement de ces dépenses et établit les mandats d'avances nécessaires à cet effet. Les bâtiments lui remettent les pièces de liquidation qui doivent être mises au soutien de ces mandats.

Art. 32. Les chefs du service administratif de la marine ne peuvent, sans engager leur responsabilité, admettre à la justification des dépenses des bâtiments que des pièces exactes en elles-mêmes et dont la nature et la forme sont déterminées par les règlements en vigueur.

Art. 33. A l'expiration de chaque mois, les trésoriers-payeurs remettent aux chefs du service administratif, pour être transmises au Ministre de la marine et des colonies, les pièces justificatives des dépenses pour lesquelles il a été tiré des traites.

Art. 34. Toute avance faite dans une colonie à des chapitres du budget sur lesquels il n'a pas été ouvert de crédits de délégation est remboursée soit au chapitre cédant, soit au service local, suivant le cas, par des traites émises dans les formes tracées par les articles 29 et suivants du présent décret.

Ces avances motivent les annulations de dépenses autorisées par l'article 9 et les rétablissements de crédits au service local spécifiés à l'article 82.

Art. 35. Toute avance faite sur des chapitres du budget pour lesquels il n'a pas été délégué de crédits à des chapitres pour lesquels il en a été ou=

vert et au service local, est immédiatement remboursée par le chapitre ou service cessionnaire. Ces remboursements sont constatés à titre de produits divers appartenant à l'État.

Ils donnent lieu en France, au profit du service cédant, aux rétablissements de crédits autorisés par les règlements.

CHAPITRE III.

DÉPENSES A RÉGULARISER POUR LE COMPTE DES DIVERS MINISTÈRES.

Art. 36. Les dépenses à effectuer aux colonies pour le compte des ministères autres que le ministère de la marine et des colonies sont acquittées soit sur ordonnances de payement émises par le ministre compétent, soit, à titre d'avances à régulariser, en vertu d'ordres de payement délivrés par l'un des ordonnateurs secondaires de la colonie, suivant la nature de la dépense et conformément aux instructions du ministre des finances.

TITRE II.

Service local des colonies.

CHAPITRE Ier.

BUDGETS LOCAUX.

Art. 37. Les recettes et les dépenses d'intérêt local à effectuer pour le service de chaque exercice forment dans chaque colonie le budget local de cet exercice.

Art. 38. Sont seuls considérés comme appartenant à un même budget et à l'exercice pour lequel ce budget a statué, les services faits et les droits acquis à la colonie ou à ses créanciers du 1er janvier au 31 décembre de l'année qui donne son nom au budget et à l'exercice.

Art. 39. La durée de la période pendant laquelle doivent se consommer tous les faits de recettes et de dépenses de chaque exercice se prolonge :

1° Jusqu'au 28 février de la seconde année, pour achever, dans la limite des crédits ouverts, les services du matériel dont l'exécution n'aurait pu, d'après une déclaration du directeur de l'intérieur énonçant les motifs de ces cas spéciaux, être terminée avant le 31 décembre ;

2° Jusqu'au 20 juin de la seconde année, pour compléter les opérations relatives à la liquidation et au mandatement des dépenses ;

3° Jusqu'au 30 juin de la seconde année, pour compléter les opérations relatives au recouvrement des produits et au payement des dépenses.

Art. 40. Les budgets sont préparés par les directeurs de l'intérieur et délibérés par le conseil général, ou dans les colonies où il n'existe pas de conseil général, par le conseil privé, le conseil de gouvernement ou le conseil d'administration.

Ils sont arrêtés et rendus exécutoires par les gouverneurs en conseil, avant l'ouverture de chaque exercice ;

Ils sont rendus publics par la voie de l'impression ;

Ils sont notifiés aux trésoriers-payeurs.

Si le conseil général ne se réunissait pas ou s'il se séparait avant d'avoir voté le budget, le Ministre de la marine et des colonies l'établirait d'office, sur la proposition du gouverneur en conseil.

Art. 41. Les budgets se divisent comme il suit :

Recettes ordinaires ;
Recettes extraordinaires ;
Dépenses ordinaires ;
Dépenses extraordinaires.

CHAPITRE II.

DES RECETTES ET DES DÉPENSES ORDINAIRES.

Art. 42. Les recettes ordinaires sont :

1° Les taxes et contributions de toute nature votées par les conseils compétents ;

2° Les droits de douane dont les tarifs sont rendus exécutoires par décrets sous forme de règlements d'administration publique ;

3° Les revenus des propriétés coloniales ;

4° Les produits divers dévolus au service local ;

5° Les subventions accordées, s'il y a lieu, par la métropole, en exécution de l'article 6 du sénatus-consulte du 4 juillet 1866.

Art. 43. La perception des deniers locaux ne peut être effectuée que par un comptable régulièrement institué et en vertu d'un titre légalement établi.

Tous les produits sont centralisés à la caisse des trésoriers-payeurs.

Art. 44. Toutes contributions directes ou indirectes autres que celles qui sont approuvées par les autorités compétentes — à quelque titre et sous quelque dénomination qu'elles se perçoivent — sont formellement interdites, à peine contre les autorités qui les ordonneraient, contre les employés qui confectionneraient les rôles et tarifs et ceux qui en feraient le recouvrement, d'être poursuivis comme concussionnaires, sans préjudice de l'action en répétition pendant trois années contre tous receveurs, percepteurs ou individus qui auraient fait la perception.

Art. 45. Jusqu'à la promulgation des décrets qui, aux termes de l'article 1er du décret du 11 août 1866, doivent statuer sur le mode d'assiette et les règles de perception des taxes locales, les taxes actuellement existantes dans chaque colonie et dont la perception aura été légalement autorisée, continueront à être recouvrées suivant les dispositions en vigueur.

Art. 46. Les dépenses locales ordinaires se divisent en deux sections : la première comprend les dépenses obligatoires, et la seconde les dépenses facultatives.

Les dépenses obligatoires sont déterminées par les actes organiques en vigueur dans chaque colonie.

Art. 47. Chacune de ces deux sections se divise en chapitres spéciaux qui peuvent être subdivisés en articles.

Le budget est voté par chapitre.

Chaque chapitre ne contient que des services corrélatifs de même nature.

Art. 48. Les crédits nécessaires à l'acquittement des dépenses locales ordinaires sont inscrits au budget. Le conseil général détermine les voies et moyens applicables à la réalisation de ces crédits, et il autorise éventuellement les prélèvements à faire sur les fonds de réserve en cas de non-réalisation des recettes prévues.

Art. 49. Les crédits qui pourraient être reconnus nécessaires après la fixation du budget sont votés par le conseil général et approuvés par le gouverneur.

En cas d'urgence, et si le conseil général ne peut être réuni en session extraordinaire, ces crédits sont autorisés par le gouverneur en conseil privé et soumis au vote du conseil général dans sa plus prochaine session.

Les arrêtés par lesquels ces crédits sont ouverts doivent indiquer les voies et moyens affectés au payement des dépenses ainsi autorisées.

Les crédits ouverts au directeur de l'intérieur, en dehors du budget des dépenses de chaque exercice, sont notifiés aux trésoriers-payeurs, qui produisent à la cour des comptes, avec les budgets locaux, la copie des arrêtés des gouverneurs concernant ces crédits.

Avis de ces mêmes arrêtés est immédiatement donné au Ministre de la marine et des colonies.

Art. 50. Des arrêtés des gouverneurs rendus en conseil privé fixent ou modifient, dans la limite des crédits votés par le conseil général, les cadres des divers services publics de la colonie, ainsi que les traitements et allocations auxquels ont droit les agents désignés dans ces cadres.

CHAPITRE III.

DES RECETTES ET DES DÉPENSES EXTRAORDINAIRES.

Art. 51. Les recettes extraordinaires sont les contributions extraordinaires, les prélèvements sur les fonds de réserve, le produit des emprunts et autres ressources extraordinaires spécialement affectées à des travaux ou entreprises d'utilité publique.

Art. 52. Les contributions locales extraordinaires sont autorisées, votées, approuvées et perçues dans les mêmes formes, par les mêmes autorités et sous les mêmes conditions que les contributions ordinaires.

Art. 53. Le conseil général délibère sur les emprunts à contracter et les garanties pécuniaires à consentir dans l'intérêt de la colonie.

Les délibérations sont approuvées par décrets rendus sous forme de règlements d'administration publique.

Art. 54. Les dépenses extraordinaires sont celles à l'acquittement desquelles il est pourvu au moyen des ressources spéciales énumérées dans l'article 51 du présent décret.

CHAPITRE IV.

DISPOSITIONS GÉNÉRALES RELATIVES A L'EMPLOI DES CRÉDITS LOCAUX.

Art. 55. Les directeurs de l'intérieur disposent seuls, et sous leur responsabilité, des crédits ouverts par le budget local ou par les autorisations supplémentaires dont il est fait mention à l'article 49.

Ils ne peuvent également, sous leur responsabilité, dépenser au-delà de ces crédits.

Art. 56. Les virements de crédits d'un chapitre à un autre ne peuvent être opérés que sur les dépenses obligatoires et doivent être autorisés par des arrêtés des gouverneurs délibérés en conseil privé.

Ces arrêtés sont notifiés aux trésoriers-payeurs, qui les produisent à la cour des comptes avec les copies du budget local.

Ils sont régularisés par le conseil général.

Art. 57. Les trésoriers-payeurs ne peuvent constater de dépenses dans leur comptabilité, pour le service local, que sur mandats délivrés par le directeur de l'intérieur dans la limite des crédits régulièrement ouverts.

Art. 58. Les directeurs de l'intérieur ne peuvent accroître par aucune ressource particulière le montant des crédits dont ils sont titulaires.

Art. 59. Lorsque des objets mobiliers ou immobiliers appartenant au service local ne peuvent être réemployés et sont susceptibles d'être vendus, la vente doit en être faite dans les formes prescrites pour les ventes d'objets appartenant à l'État. Le produit brut de ces ventes est porté en recette au budget local de l'exercice courant.

Art. 60. Les dispositions concernant les ventes d'objets mobiliers ne sont point applicables aux matériaux dont il aura été fait un remploi dûment justifié pour les besoins du service même d'où ils proviennent.

Le remploi peut s'effectuer même par voie de transformation.

Art. 61. Il est également fait recette au budget local de la restitution des sommes qui, auraient été payées indûment ou par erreur et que les parties prenantes n'auraient restituées qu'après la clôture de l'exercice, et généralement de tous les fonds qui proviendraient d'une source étrangère aux prévisions budgétaires.

Art. 62. Les directeurs de l'intérieur ordonnancent, au profit du Trésor public, ou de tout autre service créancier, sur les crédits du budget local, les prix de cession ou de loyer de tous les objets qui sont mis à la disposition du service local par les services métropolitains ou autres.

Ils ordonnancent de même le montant des avances qui, ayant été faites au service local par les services métropolitains ou autres, doivent leur être remboursées.

Les remboursements que les services métropolitains ou autres peuvent avoir à faire au service local sont mandatés au profit de ce dernier service et sont constatés dans la comptabilité du directeur de l'intérieur et du trésorier-payeur comme produits divers de ce même service, et sauf réintégration de crédits, s'il y a lieu.

CHAPITRE V.

RÉPARTITION DES CRÉDITS LOCAUX.

Art. 63. Avant de faire aucune disposition sur les crédits ouverts pour chaque exercice, les directeurs de l'intérieur répartissent, lorsqu'il y a lieu, entre les divers articles du budget les crédits qui ont été votés par chapitre.

Cette répartition est soumise à l'approbation du gouverneur en conseil privé. Elle n'établit que des subdivisions administratives, et la spécialité des crédits demeure exclusivement renfermée dans la limite des chapitres ouverts au budget.

CHAPITRE VI.

DISTRIBUTIONS MENSUELLES DES FONDS.

Art. 64. Chaque mois, les gouverneurs en conseil privé règlent, tant pour les dépenses ordinaires que pour les dépenses extraordinaires, la distribution, par chapitre, des fonds dont le directeur de l'intérieur peut disposer pour le mois suivant.

Avis de ces distributions mensuelles est donné au trésorier-payeur.

CHAPITRE VII.

LIQUIDATION DES DÉPENSES LOCALES.

Art. 65. Aucune créance ne peut être définitivement liquidée à la charge du service local que par les directeurs de l'intérieur.

Art. 66. Les titres de chaque liquidation doivent offrir la preuve des droits acquis aux créanciers de la colonie et être rédigés dans la forme déterminée par les règlements.

Art. 67. Aucune stipulation d'intérêts ou de commission de banque ne peut être consentie par les directeurs de l'intérieur au profit d'entrepreneurs, fournisseurs ou régisseurs, à raison d'emprunts temporaires ou d'avances de fonds pour l'exécution et le payement des services locaux.

Toutefois cette disposition n'exclut pas les allocations de frais et d'indemnités qui ne peuvent être prévus dans les devis et ne sont pas susceptibles d'être supportés par les entrepreneurs ou autres créanciers des services.

Art. 68. Aucun marché, aucune convention pour travaux et fournitures ne doit stipuler d'acompte que pour un service fait.

Les acomptes ne doivent, en aucun cas, excéder les cinq sixièmes des droits constatés par pièces régulières présentant le décompte, en quantités et en deniers, du service fait.

Art. 69. Les formes et conditions des marchés publics aux colonies sont déterminées par des arrêtés des gouverneurs délibérés en conseil privé.

CHAPITRE VIII.

MANDATEMENT DES DÉPENSES LOCALES.

Art. 70. Les dépenses du service local sont mandatées par les directeurs de l'intérieur et acquittées par les trésoriers-payeurs.

Néanmoins les dépenses à faire hors des colonies auxquelles elles appartiennent sont autorisées, à titre d'opérations de trésorerie, en France, par le ministre de la marine et des colonies ou, d'après ses ordres, par ses ordonnateurs secondaires ; et dans les colonies, par les directeurs de l'intérieur.

Elles sont successivement rattachées à la comptabilité de la colonie qu'elles concernent au moyen de mandats du directeur de l'intérieur.

Art. 71. Tous mandats émis par les directeurs de l'intérieur sur les caisses des trésoriers-payeurs doivent, pour être admis par ces comptables, porter sur des crédits régulièrement ouverts et se renfermer dans les distributions mensuelles de fonds prescrites par l'article 64.

Art. 72. Les directeurs de l'intérieur ne peuvent déléguer les crédits dont ils sont titulaires sans une autorisation spéciale et motivée du gouverneur en conseil privé.

Art. 73. Chaque mandat énonce l'exercice et le chapitre auxquels il s'applique.

Art. 74. Les directeurs de l'intérieur font parvenir chaque soir aux trésoriers-payeurs des bordereaux, par exercice, des mandats qu'ils ont délivrés sur leurs caisses dans la journée.

Art. 75. Les mandats délivrés sur la caisse des trésoriers-payeurs sont communiqués à ces comptables par les directeurs de l'intérieur, avec le bordereau d'émission et les pièces justificatives.

Les trésoriers-payeurs conservent les pièces et, en renvoyant les mandats revêtus de leur visa aux directeurs de l'intérieur chargés d'en assurer la remise aux ayants-droit, y joignent le bordereau d'émission, sur lequel ils mentionnent cette remise et le nombre de mandats visés par eux.

Les directeurs de l'intérieur, après avoir constaté la réception desdites pièces au bas des bordereaux d'émission, transmettent de nouveau ces bordereaux aux comptables chargés du payement.

Art. 76. Les dispositions de l'article précédent ne sont pas applicables aux mandats concernant la solde et les accessoires de solde payables sur revues, et dont le montant doit être touché à la caisse même des trésoriers-payeurs.

Art. 77. Les pièces justificatives des dépenses sont déterminées d'après les bases suivantes :

Pour les dépenses du personnel :

Solde, traitement, salaires, indemnités, vacations et secours .	États d'effectif ou nominatifs énonçant : Le grade ou l'emploi, La position de présence ou d'absence, Le service fait, La durée du service, La somme due en vertu des lois, règlements et décisions.

Pour les dépenses du matériel :

Achats et loyers d'immeubles et d'effets mobiliers ;
Achats de denrées et matières ;
Travaux de construction, d'entretien et de réparation de bâtiments, de routes, de ponts et de canaux.
Travaux de confection, d'entretien et de réparation d'effets mobiliers ;
Frais de procédure, primes, subventions, bourses, dépenses diverses, etc., etc.

1° Copies ou extraits dûment certifiés des arrêtés des gouverneurs, des décisions des directeurs de l'intérieur, des contrats de vente, soumissions et procès-verbaux d'adjudication des baux, conventions ou marchés ;

2° Décomptes de livraisons, de règlements et de liquidations, énonçant le service fait et la somme due pour acompte ou pour solde.

CHAPITRE IX.

PAYEMENT DES DÉPENSES LOCALES.

Art. 78. Le payement d'un mandat délivré par le directeur de l'intérieur ne peut être suspendu par le trésorier-payeur que lorsque ce mandat excède la limite du crédit sur lequel il doit être imputé, ou les distributions mensuelles de fonds ; qu'il dépasse le montant des fonds disponibles appartenant au service local ; qu'il y a omission ou irrégularité matérielle dans les pièces justificatives qui sont produites.

Il y a irrégularité matérielle toutes les fois que la somme portée dans le mandat n'est pas d'accord avec celle qui résulte des pièces justificatives annexées au mandat, ou lorsque ces pièces ne sont pas conformes aux instructions.

En cas de refus de payement, le trésorier-payeur est tenu d'adresser immédiatement au directeur de l'intérieur la déclaration écrite et motivée de son refus et d'en remettre, le cas échéant, copie au porteur du mandat.

Si, malgré cette déclaration, le directeur de l'intérieur requiert par écrit et sous sa responsabilité qu'il soit passé outre, et si d'ailleurs le refus du trésorier-payeur n'est motivé que par l'omission ou l'irrégularité matérielle des pièces, ce comptable procède au payement sans autre délai, et il annexe au mandat, avec une copie de sa déclaration, l'original de l'acte de réquisition qu'il a reçu.

S'il se produisait des réquisitions qui eussent pour effet soit de faire acquitter une dépense, sans qu'il y eût disponibilité de crédit chez le trésorier-payeur ou justification du service fait, soit de faire effectuer un payement suspendu pour des motifs touchant à la validité de la quittance, le trésorier-payeur, avant d'y obtempérer, devrait en référer au gouverneur, qui statuerait immédiatement.

Les gouverneurs, les directeurs de l'intérieur et les trésoriers-payeurs, chacun en ce qui le concerne, sont tenus de rendre compte de ces refus de payement au ministre de la marine et des colonies et au ministre des finances.

Art. 79. Toutes saisies-arrêts ou oppositions sur des sommes dues par une colonie, toutes significations de cessions ou de transport desdites sommes, et toutes autres ayant pour objet d'en arrêter le payement, doivent être faites entre les mains du trésorier-payeur de cette colonie.

Néanmoins et pour les dépenses à effectuer hors des colonies selon les dispositions des articles 85 et suivants, elles sont faites entre les mains des comptables qui doivent les acquitter.

Sont considérées comme nulles et non avenues toutes oppositions ou significations faites à toutes autres personnes que celles ci-dessus indiquées.

Art. 80. En cas de refus de payement pour opposition ou saisie-arrêt, le trésorier-payeur est tenu de remettre au porteur du mandat une déclaration écrite et motivée énonçant les noms et domiciles élus de l'opposant ou saisissant et les causes de l'opposition ou saisie.

La portion saisissable des appointements ou traitements arrêtée par des saisies-arrêts ou oppositions entre les mains des trésoriers-payeurs, agents ou préposés sur la caisse desquels les ordonnances ou mandats ont été délivrés, est versée d'office et à la fin de chaque mois, par lesdits trésoriers, agents ou préposés, à la caisse des dépôts et consignations.

Le dépôt de toutes les autres sommes frappées de saisies-arrêts ou oppositions ne peut être effectué à la caisse des dépôts et consignations qu'autant qu'il a été autorisé par la loi, par justice ou par un acte passé entre l'administration et les créanciers.

Ces dépôts libèrent définitivement la colonie, de même que si le payement avait été directement fait entre les mains des ayants-droit.

Art. 81. Pour faciliter l'exploitation des service locaux régis par économie, il peut être fait aux agents spéciaux de ces services, sur les mandats des directeurs de l'intérieur, des avances dont le total ne doit pas excéder dix mille francs (10,000 fr.), sauf à ces agents à produire au trésorier-payeur, dans le délai d'un mois, les quittances des créanciers réels.

Il ne peut être fait de nouvelles avances, avant l'entière justification des précédentes, qu'autant que les sommes dont l'emploi resterait à justifier, réunies au montant des nouvelles avances, n'excèderaient pas dix mille francs (10,000 fr.).

CHAPITRE X.

RÉINTÉGRATION DES CRÉDITS APPARTENANT AU SERVICE LOCAL.

Art. 82. Lorsqu'il y a lieu de rétablir, au crédit d'un des chapitres du service local, le montant des sommes remboursées pendant la durée d'un exercice, sur les payements effectués, le directeur de l'intérieur en dresse un état détaillé qu'il remet au trésorier-payeur.

Cet état est appuyé des récépissés constatant le remboursement; il est établi par exercice et par chapitre, et indique la date et le numéro des mandats sur lesquels portent les annulations.

Art. 83. Lorsqu'une dépense a reçu une imputation qui ne peut être régulièrement maintenue, il est remis au trésorier-payeur par le directeur de l'intérieur un certificat de réimputation au moyen duquel le comptable augmente la dépense d'un chapitre et atténue d'une somme égale celle d'un autre chapitre. Ce certificat est réuni aux pièces justificatives de la gestion des comptables.

Lorsqu'une dépense, régulièrement imputée par le directeur de l'intérieur, a été mal classée dans les écritures du trésorier-payeur, celui-ci établit un certificat de faux classement, dont il fait emploi de la manière qui vient d'être indiquée pour le certificat de réimputation.

Art. 84. Au vu des pièces justificatives mentionnées aux deux articles précédents, le trésorier-payeur constate dans sa comptabilité les diminutions de recettes et les augmentations et diminutions de dépenses qui lui sont demandées. Il en donne immédiatement avis au directeur de l'intérieur.

Au moyen de ces opérations, les crédits sur lesquels les dépenses annulées avaient été originairement imputées redeviennent disponibles.

Les opérations spécifiées aux articles 82 et 83 s'effectuent aux colonies tant sur la gestion expirée que sur la gestion courante.

CHAPITRE XI.

RECETTES ET DÉPENSES FAITES HORS DES COLONIES QU'ELLES CONCERNENT.

Art. 85. Les recettes à effectuer hors des colonies auxquelles elles appartiennent sont réalisées par les comptables du Trésor, qui en tiennent compte au trésorier-payeur de l'établissement créancier au moyen d'un récépissé ou d'un mandat sur le Trésor qui est envoyé par l'intermédiaire du ministre de la marine et des colonies.

Ces recettes font l'objet d'ordres de recette délivrés en France par le ministre de la marine et des colonies ou par ses ordonnateurs secondaires, et aux colonies par les directeurs de l'intérieur.

Art. 86. Le directeur de l'intérieur délivre un titre de perception en vertu duquel le trésorier-payeur de la colonie créancière se charge en recette de la remise qui lui est faite.

Il l'impute au compte de l'exercice qu'elle concerne, et si cet exercice est clos, au compte de l'exercice courant.

Art 87. Les dépenses à faire hors d'une colonie, pour le service local de cette colonie, sont autorisées, lorsqu'elles doivent être acquittées en France, par le ministre de la marine et des colonies ou par ses ordonnateurs secondaires ; et lorsqu'elles doivent avoir lieu dans les colonies, par les directeurs de l'intérieur.

Ces dépenses sont effectuées, en dehors des crédits, en vertu d'ordres de payement ; elles sont acquittées, savoir :

A Paris, par le caissier-payeur central du Trésor public ;

Dans les départements, par les trésoriers-payeurs généraux ;

En Algérie et dans les colonies, par les trésoriers-payeurs.

Art. 88. Dès que les pièces justificatives de ces dépenses parviennent au directeur de l'intérieur de la colonie qu'elles concernent, ce fonctionnaire en mandate le montant sur les crédits du service local.

Lorsque le mandatement de ces dépenses ne peut avoir lieu avant la clôture de l'exercice auquel elles s'appliquent, il est effectué à titre de dépenses des exercices clos.

Art. 89. Les trésoriers-payeurs qui effectuent aux colonies des opérations de recettes et de dépenses pour le compte d'autres colonies, les constatent dans leurs écritures à titre d'opérations de trésorerie.

Art. 90. Lorsque des recettes ou des dépenses ont eu lieu dans une colonie pour le compte d'une autre colonie, le directeur de l'intérieur qui les a autorisées en donne directement avis au ministre de la marine et des colonies, et de plus au gouverneur de la colonie pour le compte de laquelle elles ont été faites. Les pièces justificatives sont jointes à l'un ou l'autre de ces deux avis, selon ce qui sera réglé pour chaque colonie.

Le ministre de la marine et des colonies donne avis au gouverneur de chaque colonie des recettes et des dépenses faites pour le compte de cette colonie, tant en France que dans les autres colonies. Il joint, s'il y a lieu, à cet avis les pièces justificatives.

Art. 91. Le gouverneur de chaque colonie transmet au directeur de l'intérieur les avis qu'il a reçus des recettes et des dépenses faites pour le compte de cette colonie, ainsi que les pièces justificatives qui s'y trouvent jointes. Le directeur de l'intérieur fait immédiatement connaître les recettes et les dépenses au trésorier-payeur.

CHAPITRE XII.

CLÔTURE DES EXERCICES POUR LE SERVICE LOCAL.

Art. 92. Toutes les dépenses concernant le service local d'un exercice doivent être liquidées et mandatées au plus tard le 20 juin de la seconde année de l'exercice.

Art. 93. L'époque de la clôture du payement à faire sur les mandats des directeurs de l'intérieur est fixée au 30 juin de la seconde année de l'exercice.

Art. 94. Faute par les créanciers de réclamer leur payement avant le 30 juin de la seconde année, les mandats délivrés à leur profit sont annulés, sans préjudice des droits de ces créanciers, et sauf réordonnancement jusqu'au terme de déchéance, qui est fixé à cinq années à partir de l'ouverture de l'exercice pour les créanciers domiciliés dans la colonie et à six années pour les créanciers résidant hors du territoire de la colonie.

Art. 95 Les crédits ou portions de crédits qui n'ont pas été employés à ladite époque du 30 juin par des payements effectifs sont définitivement annulés dans la comptabilité des directeurs de l'intérieur.

Art. 96. Les recettes appartenant à un exercice doivent, pour faire partie des ressources de cet exercice, être recouvrées avant l'époque de sa clôture.

Dès que cette époque est arrivée, les restes à recouvrer appartiennent à l'exercice courant, et les recouvrements auxquels ils donnent lieu sont portés en recette au compte de ce même exercice.

Art. 97. Les payements à effectuer pour solder les dépenses des exercices clos sont mandatés sur les crédits ouverts, dans le budget de l'exercice courant, aux différents chapitres que ces dépenses concernent.

Ils forment des articles distincts de ces chapitres, et sont totalisés par exercice.

CHAPITRE XIII.

FONDS DE RÉSERVE DU SERVICE LOCAL.

Art. 98. Les excédants de recette que le règlement de chaque exercice fait ressortir sur les produits du service local forment un fonds de réserve et de prévoyance. Le maximum du fonds de réserve est fixé ainsi qu'il suit, savoir :

Martinique	1.500.000
Guadeloupe	1.500.000
Réunion	1.500.000
Guyane	1.000.000
Sénégal et dépendances	1.300.000
Gabon	500.000
Saint-Pierre et Miquelon	400.000
Sainte-Marie de Madagascar	100.000
Nossi Bé	200.000
Mayotte	200.000
Établissements français en Océanie (Tahiti)	400.000
Nouvelle-Calédonie	400.000
Établissements français de l'Inde	1.000.000
Cochinchine	9.000.000

Art. 99. Les prélèvements sur le fonds de réserve ont pour objet de subvenir à l'insuffisance des recettes de l'exercice et de faire face aux dépenses extraordinaires que des événements imprévus peuvent nécessiter.

Art. 100. Il ne peut être fait emploi des fonds de réserve qu'en rentes sur l'État ou en valeurs du Trésor exclusivement. Tous prêts à des particuliers ou à des établissements publics sur le fonds de réserve sont interdits.

CHAPITRE XIV.

COMPTABILITÉ DU SERVICE LOCAL DES COLONIES.

Art. 101. La comptabilité établie dans chaque direction de l'intérieur décrit toutes les opérations relatives :

1º A la constatation des droits mis à la charge des débiteurs des colonies et aux recettes réalisées au profit de ces établissements ;

2º A la liquidation, au mandatement et au payement des dépenses du service local ;

3º Au compte du fonds de réserve.

Art. 102. A cet effet, il est tenu, dans chaque direction de l'intérieur, un journal général dans lequel sont consignées sommairement, à leur date, et suivant les divisions du budget, toutes les opérations concernant, pour les recettes, la constatation des droits acquis à la colonie et la réalisation des produits ; pour les dépenses, la fixation des crédits, la liquidation, le mandatement et le payement. Ces mêmes opérations sont décrites en outre, et avec détail, sur des livres auxiliaires, dont le nombre et la forme sont déterminés suivant la nature des services.

Art. 103. Chacun des articles de ce journal est successivement reporté sur un sommier ou grand livre des comptes ouverts, par ordre de matières et suivant les divisions du budget.

Ce sommier ou grand-livre, ainsi que le journal et les livres auxiliaires, sont arrêtés au terme fixé pour la clôture de chaque exercice.

Art. 104. Tous les trois mois, les directeurs de l'intérieur, après s'être assurés de la concordance des résultats du grand-livre ou sommier général avec ceux du journal, adressent au ministre de la marine et des colonies des relevés sommaires de toutes les opérations de recettes et de dépenses constatées dans cette comptabilité.

L'envoi de ces relevés a lieu, pour chaque exercice, dans les premiers jours de chaque trimestre et jusqu'à l'époque fixée pour la clôture de l'exercice.

Art. 105. Ces relevés comprennent, pour les recettes, et par chapitres :

Les droits constatés au profit de la colonie,
Les recettes effectuées,
Les restes à recouvrer ;

et pour les dépenses, le montant total :

Des crédits ouverts,
Des droits constatés,
Des mandats émis,
Des payements effectués,
Et des restes à payer.

Ils présentent en outre, et séparément, la situation du fonds de réserve avec le détail des opérations faites pendant le trimestre au compte de ce fonds.

Art. 106. Au moyen des documents dont il est fait mention aux articles 104 et 105 du présent décret, le ministre de la marine et des colonies suit les opérations de recettes et de dépenses des budgets locaux.

Art. 107. Les directeurs de l'intérieur préparent le compte de chaque exercice et le présentent aux gouverneurs en conseil dans les trois mois qui suivent l'expiration de cet exercice.

Art. 108. Ce compte est examiné par une commission composée comme il est dit à l'article 141 du présent décret. D'après le rapport de la commission, les conseils privés déclarent la conformité des chiffres contenus dans les comptes de gestion des trésoriers-payeurs et dans le compte administratif. Ces déclarations sont jointes aux comptes d'exercice à présenter au conseil général.

Art. 109. Les directeurs de l'intérieur présentent aux conseils généraux, dans leur session ordinaire, le compte de l'exercice expiré le 30 juin précédent.

Ce compte doit toujours être établi d'une manière conforme au budget du même exercice, sauf les dépenses imprévues qui n'y auraient pas été mentionnées, et pour lesquelles il est ouvert des chapitres ou des articles additionnels et séparés.

Art. 110. Le compte d'exercice se compose :

1º D'un tableau général présentant, par nature de produits, pour les recettes, et par chapitre, pour les dépenses, tous les résultats de la situation définitive de l'exercice expiré, lesquels servent de base au règlement définitif du budget dudit exercice ;

2º D'un tableau de l'origine des crédits ;

3º De développements destinés à faire connaître, avec les détails propres à chaque nature de service,

Pour les recettes :

Les prévisions du budget,
Les droits acquis à la colonie,
Les recouvrements effectués,
Les restes à recouvrer ;

Pour les dépenses :

Les crédits résultant, soit du budget, soit des autorisations supplémentaires,
Les dépenses liquidées,
Les payements effectués,
Les créances restant à payer ;

4º De la comparaison des dépenses avec les prévisions du budget ;

5º De la situation du fonds de réserve ;

6º De la situation des emprunts et autres services se rattachant directement ou indirectement à l'exécution des services locaux ;

7º Enfin, de tous les développements de nature à éclairer l'examen des faits relatifs à la gestion administrative et financière de l'exercice et à en compléter la justification.

Art. 111. Les conseils généraux entendent et débattent les comptes d'exercice du service local.

Les observations que ces comptes peuvent motiver sont directement adressées aux gouverneurs par les présidents de ces conseils.

Art. 112. Les gouverneurs, en conseil privé, statuent définitivement sur les comptes des directeurs de l'intérieur.

Néanmoins les arrêtés portant rejet d'une dépense comprise dans ces comptes ne sont exécutoires qu'après avoir été approuvés par le ministre de la marine et des colonies.

Les directeurs de l'intérieur peuvent se pourvoir contre ces décisions au conseil d'Etat, jugeant au contentieux.

Art. 113. Les comptes d'exercice du service local, définitivement réglés par les gouverneurs en conseil privé, sont rendus publics par la voie de l'impression. Des exemplaires de ces comptes sont remis aux trésoriers-payeurs et adressés au département de la marine et des colonies.

TITRE III.

Service des communes et des établissements publics.

CHAPITRE Ier

SERVICE DES COMMUNES.

Art. 114. Les recettes et les dépenses des communes sont faites conformément au budget de chaque exercice ou aux autorisations extraordinaires données dans les formes indiquées ci-après.

Art. 115. L'exercice commence au 1er janvier et finit au 31 décembre de l'année qui lui donne son nom.

Néanmoins, un délai est accordé pour en compléter les opérations, et l'époque de clôture de l'exercice, pour toutes les opérations qui s'y rattachent, est fixée au 31 mars de la deuxième année de l'exercice.

Art. 116. Les dépenses portées au budget de chaque commune se divisent en dépenses obligatoires et en dépenses facultatives.

Les dépenses obligatoires des communes sont fixées par les décrets relatifs au service municipal et, à défaut, par des arrêtés des gouverneurs pris en conseil privé.

Art. 117. Les conseils municipaux délibèrent sur le budget de la commune. Ces budgets ne sont exécutoires qu'après avoir été arrêtés par les directeurs de l'intérieur et définitivement approuvés par les gouverneurs en conseil privé.

Art. 118. Lorsque les budgets votés par les conseils municipaux sont susceptibles de modifications, ces modifications sont prononcées par des arrêtés du gouverneur en conseil privé.

Elles ne peuvent avoir pour objet l'augmentation des dépenses facultatives.

Art. 119. Les crédits qui pourraient être reconnus nécessaires après le règlement du budget sont délibérés par le conseil municipal et autorisés par le gouverneur en conseil privé.

Art. 120. Les conseils municipaux peuvent porter au budget un crédit pour dépenses imprévues.

Le maire peut employer le montant de ce crédit aux dépenses urgentes, sans approbation préalable, à la charge d'en informer immédiatement le directeur de l'intérieur et d'en rendre compte au conseil municipal dans la première session ordinaire qui suit la dépense effectuée.

Art. 121. Aucun emprunt ne peut être autorisé au profit des communes que par un arrêté du gouverneur en conseil privé. Le mode de réalisation et d'amortissement de ces emprunts est déterminé par les arrêtés qui les autorisent.

Art. 122. Dans le cas où le maire négligerait de dresser et de soumettre au conseil municipal le budget de la commune, le directeur de l'intérieur peut préparer ce budget et convoquer d'office le conseil municipal.

Dans le cas où un conseil municipal ne se réunirait pas ou se séparerait sans avoir voté le budget de la commune, ce budget serait arrêté d'office par le directeur de l'intérieur et mis à exécution, après avoir été approuvé par le gouverneur en conseil privé.

Art. 123. Le maire tient la comptabilité des recettes et des dépenses communales.

Il présente par exercice le compte administratif du service municipal et le soumet aux délibérations des conseils municipaux dans la première session ordinaire que tiennent ces conseils après la clôture de l'exercice.

Ce compte est arrêté par le directeur de l'intérieur et définitivement approuvé par le gouverneur en conseil privé.

Art. 124. Les recettes et les dépenses communales s'effectuent par un receveur municipal chargé, sous sa responsabilité, de poursuivre la rentrée de tous les revenus de la commune et de toutes les sommes qui lui sont dues, ainsi que d'acquitter les dépenses mandatées par le maire jusqu'à concurrence des crédits régulièrement accordés.

Toutefois, les droits d'octroi sont perçus dans les ports de débarquement par le trésorier-payeur pour être répartis ultérieurement entre les diverses communes par les soins du directeur de l'intérieur.

Art. 125. Les rôles d'impositions, taxes et cotisations communales doivent être remis au receveur municipal, après qu'ils ont été rendus exécutoires.

Le receveur municipal doit également recevoir une expédition en forme de tous les baux, contrats, jugements, déclarations, titres nouvels et autres, concernant les revenus dont la perception lui est confiée, et il est autorisé à demander, au besoin, que les originaux de ces divers actes lui soient remis sur son récépissé.

Art. 126. Les rôles d'impositions, baux et autres actes dont il est question dans l'article précédent sont adressés par le directeur de l'intérieur au trésorier-payeur, qui les fait parvenir aux receveurs municipaux.

Le directeur de l'intérieur donne avis aux maires des communes de l'envoi de ces documents.

Art. 127. Toutes les recettes municipales pour lesquelles les règlements n'ont pas prescrit un mode spécial de recouvrement s'effectuent sur des états dressés par le maire. Ces états sont exécutoires après qu'ils ont été visés par le directeur de l'intérieur.

Art. 128. Le receveur municipal est tenu de faire, sous sa responsabilité personnelle, toutes les diligences nécessaires pour la perception des revenus, legs et donations et autres ressources affectées aux services des communes ; de faire contre les débiteurs en retard, à la requète des maires, les exploits, significations, poursuites et commandements nécessaires ; d'avertir les administrateurs de l'expiration des baux ; d'empêcher les prescriptions ; de veiller à la conservation des domaines, droits, privilèges et hypothèques ; de requérir à cet effet l'inscription au bureau des hypothèques de tous les titres qui en sont susceptibles ; enfin, de tenir registre de ces inscriptions et autres poursuites et diligences.

Les certificats de quitus ne sont délivrés aux comptables, à l'effet de remboursement de cautionnement, qu'après qu'il a été reconnu par l'autorité qui juge les comptes qu'ils ont satisfait aux obligations imposées par le présent article pour la conservation des biens et des créances appartenant aux communes dont ils gèrent la recette.

Art. 129. Les comptes de gestion annuels des receveurs des communes, visés par le comptable supérieur de l'arrondissement, sont soumis aux délibérations des conseils municipaux avant d'être adressés au conseil privé chargé de les juger.

Art. 130. Des arrêtés du gouverneur en conseil privé font l'application au service des communes dans les colonies, en ce qui n'aura pas été prévu par le présent décret, des règles de la comptabilité municipale en vigueur en France.

CHAPITRE II.

SERVICE DES HOSPICES, DES ÉTABLISSEMENTS DE BIENFAISANCE ET DES AUTRES ÉTABLISSEMENTS PUBLICS.

Art. 131. Des arrêtés du Gouverneur en conseil privé font, dans chaque colonie, l'application des règles du présent décret et des règles de la comptabilité en usage en France au service des hospices, à celui des établissements de bienfaisance et, en général, au service de tous les établissements publics.

TITRE IV.

Service de trésorerie.

CHAPITRE Ier.

SERVICE DES MOUVEMENTS DE FONDS.

Art. 132. Les trésoriers-payeurs exécutent dans chaque colonie le service des mouvements de fonds, d'après les ordres du ministre des finances.

Art. 133. La caisse du Trésor est alimentée d'après les instructions du ministre des finances, qui reçoit, chaque mois, une situation de cette caisse et un aperçu des besoins présumés pour la période des trois mois qui suivent.

L'alimentation de cette caisse est faite soit en numéraire, soit au moyen des traites dont l'émission est exclusivement subordonnée aux instructions du ministre des finances.

Le gouverneur détermine, sur la proposition du trésorier-payeur, soit la prime, soit la moins value qu'il convient d'attacher aux traites pour en accroître ou en diminuer l'émission, selon la situation de la caisse.

Les profits et pertes résultant de l'émission des traites au-dessus et au-dessous du pair sont au compte du budget des finances.

Art. 134. Les expéditions d'espèces et autres valeurs à faire aux colonies s'exécutent par les soins du ministre des finances, qui s'entend avec le ministre de la marine lorsque les expéditions doivent avoir lieu par des bâtiments de l'État.

Les opérations d'envoi, de transport et de réception des espèces et valeurs s'exécutent, pour les colonies, conformément aux dispositions réglementaires en France et en Algérie.

Le procès-verbal qui constate la nature et la quantité de ces valeurs est, suivant le cas, dressé par le préfet du département, le directeur de l'intérieur ou leur délégué.

Art. 135. Les frais de transport de fonds dans l'intérieur de la colonie sont à la charge du budget local.

CHAPITRE II.

SERVICES SPÉCIAUX DU TRÉSOR.

Art. 136. Sont classées dans la comptabilité des trésoriers-payeurs sous le titre collectif de « Services spéciaux du Trésor » les recettes et les dépenses effectuées pour le compte du service local, pour le service des cautionnements inscrits au Trésor, et toutes autres opérations qui seront déterminées par les instructions du ministre des finances.

CHAPITRE III.

CORRESPONDANTS DU TRÉSOR.

Art. 137. Sont classées dans la comptabilité des trésoriers-payeurs sous le titre de « Correspondants du Trésor » les opérations de recettes et de dépenses effectuées pour le compte de la caisse des dépôts et consignations, de la Légion d'honneur, de l'Établissement des Invalides, du service des mandats d'articles d'argent échangés entre la France et les colonies, et toutes autres qui seront déterminées par le ministre des finances.

CHAPITRE IV.

CORRESPONDANTS ADMINISTRATIFS.

Art. 138. Les opérations effectuées par les trésoriers-payeurs pour le compte des correspondants administratifs sont suivies au moyen de comptes réunis en une catégorie spéciale et ouverte suivant les besoins du service.

L'ouverture des comptes de cette catégorie doit être autorisée par le ministre des finances.

En cas d'urgence, il peut être suppléé à cette autorisation par un arrêté du gouverneur, dont une copie doit être immédiatement transmise par le trésorier-payeur au ministre des finances.

Art. 139. Toutefois le gouverneur ne peut faire effectuer à titre de payement à régulariser que les dépenses pour lesquelles il existe des crédits aux budgets des différents départements ministériels.

Lorsqu'il s'agit de dépenses nouvelles non prévues par les lois de finances, le payement ne peut en être autorisé qu'après entente entre le ministre de la marine et des colonies et le ministre des finances.

TITRE V

Examen et contrôle administratif et judiciaire des comptabilités coloniales.

CHAPITRE Ier.

EXAMEN ET CONTRÔLE ADMINISTRATIFS.

Art. 140. Les comptabilités administratives tenues par les ordonnateurs secondaires et par le directeur de l'intérieur sont contrôlées par le rapprochement de leurs résultats avec ceux des écritures du trésorier-payeur de la colonie.

Art. 141. Chaque année, les gouverneurs nomment une commission composée de trois membres pris dans le sein du conseil privé.

Cette commission est chargée de constater la concordance des résultats compris dans le compte d'exercice rendu par les ordonnateurs secondaires et par le directeur de l'intérieur avec les écritures du trésorier-payeur.

La vérification des comptes des services compris au budget de l'Etat est faite dans le courant du mois d'avril; la vérification des comptes du service local, dans le courant du mois d'octobre.

Les procès-verbaux de la commission énoncent le résultat des comparaisons qu'elle a dû établir.

Art. 142. Ces procès-verbaux sont communiqués, avec les observations qu'ils ont pu motiver de la part du conseil privé, au ministre de la marine et des colonies et au ministre des finances.

CHAPITRE II.

CONTRÔLE JUDICIAIRE DE LA COUR DES COMPTES.

Art. 143. La cour des comptes juge les comptes des recettes et des dépenses qui lui sont présentés chaque année par les trésoriers-payeurs.

Le conseil privé juge les comptes des autres comptables jusqu'à ce qu'il en soit autrement ordonné.

Art. 144. La cour des comptes statue, en outre, sur les pourvois qui lui sont présentés contre les jugements prononcés par le conseil privé à l'égard des comptes annuels des comptables soumis à la juridiction de ce conseil.

Ces pourvois sont soumis aux mêmes règles que les pourvois formés, devant la même cour contre les arrêtés des conseils de préfecture métropolitains, sauf application de l'article 73 du code de procédure civile, modifié par la loi du 3 mai 1862, et de l'article 143 de l'ordonnance du 31 août 1828.

Art. 145. Les comptables des deniers publics aux colonies sont tenus de remettre leurs comptes aux autorités compétentes dans les délais prescrits par les lois et règlements.

Art. 146. La cour des comptes constate et certifie, en ce qui concerne les services exécutés aux colonies et compris dans le budget de l'Etat, l'exactitude des comptes publiés par le ministre des finances et le ministre de la marine et des colonies.

Art. 147. La cour des comptes présente, dans ses rapports annuels, les observations qui résultent de la comparaison des dépenses avec les crédits.

Elle consigne, dans ces mêmes rapports, ses vues de réforme et d'amélioration sur toutes les parties du service financier des colonies.

TITRE VI

Service des agents et des comptables chargés de l'assiette et de la perception des produits et du payement des dépenses, ainsi que des services exécutés en dehors des budgets.

CHAPITRE Ier.

DISPOSITIONS GÉNÉRALES RELATIVES AUX AGENTS CHARGÉS DE L'ASSIETTE ET DE LA PERCEPTION DES PRODUITS LOCAUX.

Art. 148. Des chefs de service dirigent dans chaque colonie, sous les ordres du directeur de l'intérieur :

Le service de l'enregistrement, du timbre et des domaines, et en général tous les services attribués en France à l'administration de l'enregistrement;

Le service de la curatelles aux successions vacantes;

Le service des eaux et forêts;

Le service du recouvrement des amendes;

Les services des contributions directes, de la poste aux lettres et des produits indirects;

Le service des douanes.

Art. 149. Ces chefs de service ont sous leurs ordres des comptables spéciaux et des agents chargés du contrôle ou du service actif.

Les attributions de ces comptables et agents sont déterminées par les règlements.

Art. 150. Ces chefs de service, agents et comptables sont choisis dans le personnel des administrations financières en France et mis par le ministre des finances à la disposition du ministre de la marine et des colonies, ou nommés dans les colonies par les autorités locales.

Art. 151. Les chefs de service, agents et comptables mis, en vertu de l'article précédent, à la disposition du ministre de la marine et des colonies, continuent de faire partie des administrations financières auxquelles ils appartiennent.

Ils ont droit à rentrer en France dans les conditions déterminées par les règlements.

Le ministre de la marine et des colonies remet à la disposition du ministre des finances ceux d'entre eux qu'il ne juge plus aptes à faire partie du service colonial.

Art. 152. L'agent chargé du service des contributions est en outre chargé de diriger et de surveiller l'assiette de toutes les taxes dont le recouvrement au profit des communes a été autorisé.

Art. 153. L'organisation administrative du service des contributions est déterminée, en tout ce qui n'est pas prévu par le présent décret, par des règlements particuliers rendus sur la proposition du ministre de la marine et des colonies et sur l'avis du ministre des finances.

Jusqu'à ce que ces règlements aient été rendus, le service des contributions sera régi par des arrêtés du gouverneur pris en conseil privé.

CHAPITRE II.

SERVICE DES COMPTABLES DES DENIERS PUBLICS.

§ 1er. — *Trésoriers-payeurs et trésoriers particuliers.*

Art. 154. Il y a dans chaque colonie un trésorier-payeur chargé de la recette et de la dépense tant des services de l'État que du service local.

Les trésoriers-payeurs perçoivent ou font percevoir pour leur compte et centralisent tous les produits réalisés soit au profit de l'État, soit au profit de la colonie, et pourvoyent au payement de toutes les dépenses publiques. Ils justifient des payements conformément aux dispositions des règlements.

Ils sont chargés du service des mouvements de fonds et des autres services exécutés en dehors du budget.

Dans les grandes colonies, il peut exister un ou plusieurs trésoriers particuliers, selon l'importance et la division du territoire de la colonie. Ces comptables sont placés sous les ordres et la surveillance des trésoriers-payeurs qui répondent de leur gestion.

Art. 155. Les trésoriers-payeurs sont nommés par décret du Président de la République, rendu sur la proposition du ministre des finances.

Les trésoriers particuliers sont nommés par arrêté du ministre des finances.

Le ministre de la marine et des colonies est préalablement appelé à donner son avis sur la nomination de ces comptables.

Art. 156. Les cautionnements des trésoriers-payeurs et ceux des trésoriers particuliers sont fixés ainsi qu'il suit :

TRÉSORIERS-PAYEURS.

Martinique..................................	⎫
Guadeloupe et dépendances..............	⎬ 100.000
Réunion..................................	⎭
Guyane....................................	20.000
Sénégal et dépendances...................	15.000
Gabon....................................	4.000

Saint-Pierre et Miquelon................... 6.000
Nossi-Bé.............................. 6.000
Mayotte 6.000
Etablissements français en Océanie (Tahiti) 12.000
Nouvelle-Calédonie.................... 12.000
Etablissements français dans l'Inde....... 20.000

Trésoriers particuliers.

Saint-Pierre (Martinique) 20.000
La Pointe-à-Pître (Guadeloupe) 20.000
Saint-Paul (Réunion) 20.000
Dakar (Sénégal) 6.000

En Cochinchine, les trésoriers-payeurs et les trésoriers particuliers fournissent des cautionnements dont le montant est fixé par arrêté du ministre des finances.

Art. 157. Aucun titulaire de l'emploi de trésorier-payeur et de trésorier particulier ne peut être installé, ni entrer en exercice, qu'après avoir justifié, dans la forme et devant le directeur de l'intérieur, de l'acte de sa prestation de serment et du versement de son cautionnement.

Néanmoins, en cas de vacance inopinée et de remplacement provisoire par urgence, les gouverneurs sont autorisés à dispenser les intérimaires de l'obligation de fournir un cautionnement.

Art. 158. Les trésoriers-payeurs sont dépositaires des titres, créances et valeurs appartenant aux colonies, et ils en prennent charge dans leur comptabilité. Ils sont également dépositaires des fonds libres des communes et des établissements publics dont la gestion financière est confiée aux percepteurs toutes les fois que ces fonds dépassent les besoins du service courant.

Art. 159. Avant de procéder au payement des mandats délivrés sur leurs caisses ou de les viser pour être payés par d'autres comptables, les trésoriers-payeurs doivent s'assurer, sous leur responsabilité :

Que la dépense porte, savoir : pour les services métropolitains, soit sur des ordonnances qui leur ont été transmises par le Trésor en original ou en extrait et dont le montant n'a pas été dépassé, soit sur des crédits ouverts par le gouverneur, conformément à l'article 6 du présent décret, et pour le service local, sur un crédit disponible régulièrement ouvert, et renfermé dans la limite des distributions mensuelles de fonds et dans celle des budgets ou des autorisations supplémentaires de dépenses ;

Que l'avis de l'émission des mandats leur a été donné par l'ordonnateur secondaire ou par le directeur de l'intérieur, selon qu'il s'agit des services métropolitains ou du service local ;

Que toutes les pièces justificatives ont été produites à l'appui de la dépense ;

Que la délivrance des mandats pour indemnité de route a été mentionnée sur la feuille de route de la partie prenante.

Les comptables qui font les payements doivent s'assurer que les mandats sont quittancés par les ayants-droit.

Art. 160. Si les parties prenantes sont illettrées, la déclaration en est faite aux comptables chargés du payement, qui la transcrivent sur le mandat, la signent et la font signer par deux témoins présents au payement pour toutes les sommes au dessous de 150 francs.

Il doit être exigé une quittance notariée pour les payements de 150 francs et au dessus, excepté pour les allocations de secours, à l'égard desquelles la preuve testimoniale est admise.

Art. 161. Les trésoriers-payeurs doivent également, sous leur responsabilité, enregistrer ou faire enregistrer par ceux qui payent en leur lieu et place, sur les livrets de payement des officiers sans troupes, employés militaires, corps de troupes, détachements, agents ou comptables du département de la marine et des colonies, toutes les sommes qui leur sont payées, à quelque titre que ce soit.

Art. 162. Les payements faits par d'autres comptables pour le compte des trésoriers-payeurs ne peuvent être valablement effectués que sur la présentation soit des lettres d'avis ou des mandats délivrés au nom des créanciers, soit de toute autre pièce en tenant lieu et revêtue du « Vu bon à payer » des trésorier-payeurs.

L'accomplissement de ces formalités et conditions et la quittance régulière et datée de chaque partie prenante suffisent pour dégager la responsabilité du comptable subordonné qui a effectué des payements de cette nature.

Art. 163. Les acquits constatant les payements faits par d'autres comptables pour le compte du trésorier-payeur doivent être compris dans leur plus prochain versement à ce trésorier, qui en délivre récépissé à talon.

Art. 164. En cas de rejet de la part de la cour des comptes de payements faits sur des pièces qui ne constatent pas régulièrement une dette de l'État ou de la colonie, l'administration statue sur le recours à exercer contre la partie prenante ou le signataire du mandat et sur les mesures à prendre à l'égard du comptable, sauf pourvoi au conseil d'État.

Art. 165. Les trésorier-payeurs et les trésoriers particuliers doivent faire, sur les fonds de leurs recettes, tous les payements pour lesquels leur concours est jugé nécessaire.

Les autres receveurs des revenus publics peuvent être appelés à concourir de la même manière au payement des dépenses pour le compte du trésorier-payeur.

Art. 166. Les trésoriers-payeurs sont chargés du service de la caisse des invalides, de la caisse des gens de mer, de la caisse des prises et de tous autres services dont la gestion leur est confiée par les lois, décrets ou arrêtés.

Ils sont, comme les trésoriers-payeurs généraux en France, préposés de la caisse des dépôts et consignations.

Art. 167. Les trésoriers particuliers gèrent sous la surveillance et la direction du trésorier-payeur de la colonie, auxquels ils rendent compte de leurs opérations. Ils sont valablement et définitivement déchargés de leurs recettes par les avis de crédit du trésorier-payeur, comptable de leur gestion envers l'administration et la cour des comptes.

Art. 168. Les trésoriers-payeurs sont responsables de la gestion des trésoriers particuliers placés sous leurs ordres.

Chaque trésorier-payeur est, à cet effet, chargé de surveiller les opérations du trésorier particulier de la colonie, d'assurer l'ordre de sa comptabilité, de contrôler ses recettes et ses dépenses.

Les trésoriers-payeurs disposent, également sous leur responsabilité, des fonds reçus par les trésoriers particuliers, soit qu'ils les fassent verser à leur caisse, soit qu'ils les emploient sur les lieux, soit qu'ils en autorisent la réserve en leurs mains ou qu'ils leur donnent toute autre direction commandée par les besoins du service.

Art. 169. En cas de débet d'un trésorier particulier, le trésorier-payeur est tenu d'en couvrir immédiatement le Trésor ou le service local ; en conséquence, il demeure subrogé à leurs droits sur le cautionnement ou les biens du comptable.

Le trésorier-payeur peut toutefois se pourvoir auprès du ministre des finances pour obtenir, s'il y a lieu, la décharge de sa responsabilité. Le ministre statue après avoir pris l'avis de la section des finances du conseil d'État et sauf l'appel au même conseil jugeant au contentieux.

Le ministre des finances prend au préalable l'avis du ministre de la marine et des colonies quand le débet porte sur le service local.

Art. 170. Des arrêtés des gouverneurs, rendus sur l'avis des conseils privés, déterminent les circonscriptions dans lesquelles s'exercent respectivement l'action directe du trésorier-payeur et celle du trésorier particulier.

Ces arrêtés sont soumis à l'approbation du ministre de la marine et des colonies et du ministre des finances.

Art. 171. Les écritures des trésoriers-payeurs sont tenues en parties doubles : elles se composent de livres élémentaires ou de première écriture, d'un journal général, d'un grand-livre, de livres auxiliaires et de détail, de carnets d'ordonnances présentant par chapitre et, lorsqu'il y a lieu, par article du budget le montant des crédits dont l'avis est parvenu, les distributions mensuelles de fonds, l'émission des mandats de payement et les payements effectués sur ces mandats.

Art. 172. Les opérations de toute nature sont d'abord consignées en détail, au moment même de leur exécution, sur les livres élémentaires ; elles sont, à la fin de la journée, résumées au journal et classées dans les comptes ouverts au grand-livre ; enfin les développements de ces comptes sont établis sur des livres auxiliaires.

Art. 173. Les trésoriers particuliers sont tenus de transmettre à la fin de chaque mois, tant aux trésoriers-payeurs qu'au ministre des finances, la balance de leur grand-livre, la copie de leur journal et tous autres documents déterminés par les instructions.

De leur côté, les trésoriers-payeurs transmettent au ministre des finances et aux mêmes époques de semblables éléments de comptes.

Art. 174. Ces éléments de comptes sont accompagnés :

1º Des relevés sommaires et de développement de leurs opérations de recettes et des pièces justificatives à l'appui ;

2º Des relevés sommaires et de développement de leurs opérations de dépenses et des bordereaux de détail des acquits, avec les pièces justificatives qui les appuient ;

3º De bordereaux présentant, par nature de recette et par exercice, pour le mois qui vient de finir et pour les mois antérieurs :

Les sommes à recouvrer ;
Les sommes recouvrées ;
Les restes à recouvrer.

Art. 175. Tout versement ou envoi soit en numéraire, soit en toutes autres valeurs, fait aux caisses des trésoriers-payeurs et des trésoriers particuliers pour un service public, donne lieu à la délivrance immédiate d'un récépissé à talon.

Ce récépissé est libératoire et forme titre envers le Trésor public, à la charge toutefois par la partie versante de le faire viser et séparer de son talon dans les vingt-quatre heures de sa date par le directeur de l'intérieur ou par son délégué.

A l'égard des envois faits par les comptables qui n'habitent pas le cheflieu, le visa à apposer sur les récépissés est requis par le trésorier-payeur.

Art. 176. Les directeurs de l'intérieur rendent immédiatement aux parties les récépissés revêtus de leur visa, après en avoir détaché le talon qu'ils adressent tous les mois aux trésoriers-payeurs chargés de les transmettre, après vérification, au ministre des finances.

Art. 177. Ces récépissés sont enregistrés sur des livres tenus à cet effet par les directeurs de l'intérieur. Les résultats de ces enregistrements sont comparés chaque mois avec les bordereaux détaillés de récépissés que les trésoriers-payeurs sont tenus d'établir et que les directeurs de l'intérieur adressent au ministre des finances après les avoir dûment certifiés.

Art. 178. Le trésorier-payeur est chargé, dans chaque colonie, de la perception des produits directs et des droits de douane, de celle des produits divers et, en général, du recouvrement de tous les droits, produits et impôts appartenant au service local, toutes les fois que ce recouvrement n'a pas été attribué à d'autres comptables.

Les attributions conférées par le présent article au trésorier-payeur dans chaque colonie sont dévolues, en Cochinchine, à un payeur particulier qui prend le titre de « receveur spécial du service local. »

Art. 179. Indépendamment des émoluments fixes qui leur sont alloués sur le budget de l'État, les trésoriers-payeurs et les trésoriers particuliers reçoivent des remises proportionnelles pour la perception directe et pour la centralisation des produits du service local.

Art. 180. Les trésoriers-payeurs et les trésoriers particuliers demeurent responsables de la gestion des percepteurs des contributions directes, et ils sont tenus de couvrir immédiatement le Trésor des déficits ou des débets constatés à la charge de ces préposés.

Art. 181. Les trésoriers-payeurs remettent en double expédition aux ordonnateurs secondaires et au directeur de l'intérieur dans les premiers jours du mois, par exercice et par nature de recettes, un état comparatif présentant, pour le mois expiré et pour les mois antérieurs, savoir :

1° Les sommes à recouvrer ;
2° Les sommes recouvrées ;
3° Les restes à recouvrer.

Une de ces expéditions leur est rendue revêtue du visa du fonctionnaire compétent.

§ 2. — *Percepteurs.*

Art. 182. Les percepteurs sont chargés, sous la surveillance et la responsabilité des trésoriers-payeurs et des trésoriers particuliers, de la perception des contributions directes.

Ils peuvent être chargés, en outre, du recouvrement de divers autres produits locaux.

Art. 183. Les percepteurs sont nommés par les gouverneurs sur la proposition des trésoriers-payeurs.

Ils doivent être agréés par les trésoriers particuliers de l'arrondissement auquel ils sont rattachés.

Ils fournissent des cautionnements en numéraire. Le montant de ces cautionnements est fixé sur la proposition du trésorier-payeur et par arrêté du gouverneur. Ces arrêtés sont soumis à l'approbation du ministre de la marine et des colonies, qui statue après avoir pris l'avis du ministre des finances.

Art. 184. Les percepteurs reçoivent des remises proportionnelles dont la quotité est fixée par des arrêtés du gouverneur.

Dans les colonies où il n'existe pas de conseil général, ces arrêtés devront être soumis à l'approbation du ministre de la marine et des colonies. Cette approbation est donnée sur l'avis du ministre des finances.

Art. 185. Les percepteurs font leur versement entre les mains des trésoriers-payeurs et dans celles des trésoriers particuliers, selon la circonscription dans laquelle se trouve placé leur arrondissement de perception.

Art. 186. Les fonctions de trésorier-payeur et de trésorier particulier, ainsi que celles de percepteur de l'arrondissement de perception où ces trésoriers particuliers ont leur résidence, pourront être réunies par des arrêtés des gouverneurs.

Ces arrêtés seront soumis à l'approbation du ministre de la marine et des colonies, qui prendra l'avis du ministre des finances.

§ 3. — *Receveurs des communes, hospices, établissements de bienfaisance, etc.*

Art. 187. Les fonctions de receveurs des communes, d'hospices et d'établissements de bienfaisance sont de droit réunies à celles de percepteurs.

Les percepteurs sont assujettis, pour chacune des comptabilités spéciales dont ils sont chargés, à des cautionnements particuliers. Ils sont, à ce titre, justiciables du conseil privé.

Art. 188. Les percepteurs exercent les fonctions accessoires qui leur ont été confiées en vertu de l'article précédent, sous l'autorité et la responsabilité des trésoriers-payeurs et des trésoriers particuliers.

Art. 189. En cas de déficit ou de débet de la part d'un receveur municipal, d'hospice, d'établissement de bienfaisance, et constaté soit par des arrêtés d'apurement de comptes, soit par des vérifications de caisse, le trésorier de l'arrondissement financier est tenu d'en couvrir le montant avec ses fonds personnels, suivant le mode prescrit pour les déficits sur contributions directes.

Le trésorier-payeur est, en outre, astreint à la même obligation en ce qui concerne les débets que les trésoriers particuliers ne seraient pas en mesure de combler.

Ces comptables demeurent alors subrogés à tous les droits des communes et établissements sur les cautionnements et les biens des comptables reliquataires.

Néanmoins, si le déficit provient de force majeure ou de circonstances indépendantes de la surveillance qu'ils sont tenus d'exercer, les trésoriers peuvent obtenir la décharge de leur responsabilité. Dans ce cas, ils ont droit au remboursement des sommes dont ils auraient fait l'avance.

Le ministre des finances prononce sur les demandes en décharge de responsabilité, après avoir pris avis du ministre de la marine et des colonies et celui de la section des finances au conseil d'État, sauf appel au conseil d'État jugeant au contentieux.

Art. 190. Des arrêtés des gouverneurs en conseil privé fixent le montant des prélèvements à opérer, à titre de frais de gestion, sur les recettes appartenant aux communes, hospices, établissements de bienfaisance et autres services accessoirement confiés aux percepteurs.

§ 4. — *Receveurs comptables des postes.*

Art. 191. Un comptable centralise, dans chaque colonie, la comptabilité de tous les receveurs des postes de cette colonie.

Ce comptable fait ses versements entre les mains du trésorier-payeur; il est justiciable du conseil privé.

Art. 192. Les receveurs comptables des postes établissent, en double expédition, dans les premiers jours de chaque mois, le bordereau des opérations effectuées pendant le mois précédent, par eux ou par les autres receveurs de la colonie.

Une de ces expéditions, avec les pièces à l'appui, est destinée à être produite au conseil privé, à l'appui du compte de gestion du comptable; l'autre expédition reste entre les mains du directeur de l'intérieur, pour servir de base et de justification à sa comptabilité administrative.

§ 5. — *Receveurs de l'enregistrement.*

Art. 193. Les receveurs de l'enregistrement aux colonies sont exclusivement chargés de toutes les recettes, perceptions et attributions appartenant en France aux receveurs de l'enregistrement et des domaines. Ils sont, en outre, chargés du recouvrement des amendes et condamnations pécuniaires.

Art. 194. Ces receveurs sont justiciables du conseil privé. Ils font leurs versements entre les mains des trésoriers-payeurs et des trésoriers particuliers ou de tout autre agent ayant qualité pour leur en donner reçu.

Art. 195. Chaque receveur remet en double expédition, au commencement de chaque mois, au chef du service de l'enregistrement, le bordereau des droits constatés et des opérations effectuées par lui pendant le mois précédent. Il y joint les pièces justificatives.

Le chef du service de l'enregistrement dresse, au moyen de ces bordereaux partiels, le bordereau général de toutes les opérations concernant le service de l'enregistrement de la colonie.

Art. 196. Une des expéditions des bordereaux prescrits par l'article qui précède est remise au directeur de l'intérieur pour servir de base et de justification à sa comptabilité.

CHAPITRE III.

DISPOSITIONS COMMUNES A TOUS LES COMPTABLES.

Art. 197. Chaque comptable ne doit avoir qu'une seule caisse, dans laquelle sont réunis tous les fonds appartenant à ses divers services. Il est responsable des deniers publics qui y sont déposés ; en cas de vol ou de perte de fonds résultant de force majeure, il ne peut obtenir sa décharge qu'en produisant les justifications exigées par les règlements de son service, et en vertu d'une décision spéciale du ministre des finances, rendue sur l'avis du ministre de la marine et des colonies, sauf recours au conseil d'État.

Art. 198. Les écritures et les livres des comptables des deniers publics sont arrêtés chaque année, le 30 juin, pour les trésoriers-payeurs, les trésoriers particuliers et les percepteurs, et le 31 décembre pour les autres comptables. Ils le sont également à l'époque de la cessation des fonctions des comptables.

Art. 199. La situation de leurs caisses et leurs portefeuilles est vérifiée aux mêmes époques par un fonctionnaire désigné par le gouverneur et constatée par un procès-verbal.

Une expédition du procès-verbal de vérification des caisses des trésoriers particuliers et des percepteurs est remise au trésorier-payeur et produite par lui à l'appui de son compte de gestion.

Indépendamment de ces vérifications, le trésorier-payeur est tenu de vérifier inopinément aussi souvent que possible, et au moins une fois par an, soit par lui-même, soit par un de ses délégués, les caisses et les écritures des trésoriers particuliers et des percepteurs de la colonie. Les procès-verbaux de ces vérifications sont transmis par le gouverneur au ministre des finances avec les observations auxquelles la vérification a donné lieu.

Art. 200. Les comptables, tant ceux qui sont justiciables de la cour des comptes que ceux qui le sont du conseil privé, rendent annuellement des comptes qui comprennent tous les actes de leur gestion et de celle de leurs subordonnés ; la forme de ces comptes et les justifications à fournir par les comptables sont déterminées par les règlements et instructions.

Art. 201. Ces comptes sont divisés en deux parties : la première applicable aux opérations complémentaires de l'exercice clos ; la deuxième comprenant, dans les formes prescrites par les règlements et instructions et avec les totaux de la première partie qui y sont rappelés, toutes les autres opérations de la gestion effectuées par le comptable.

Art. 202. Les comptes de gestion des comptables doivent présenter :

1º La situation des comptables au commencement de la gestion ;

2º Les recettes et les dépenses de toute nature effectuées dans le cours de cette gestion ;

3º La situation des comptables à la fin de la gestion, avec l'indication des valeurs en caisse et en portefeuille composant leur reliquat.

Art. 203. Chaque comptable n'est responsable que de sa gestion personnelle.

En cas de mutation, le compte de l'année est divisé suivant la durée de la gestion des différents titulaires, et chacun d'eux rend séparément à l'autorité compétente le compte des opérations qui le concernent.

Art. 204. Les trésoriers-payeurs transmettent directement—dans les trois mois qui suivent soit la clôture de l'exercice applicable au budget de l'Etat, soit celle de la gestion—leurs comptes de gestion au ministère des finances, qui les envoie à la cour des comptes.

Les comptes de gestion des autres comptables sont remis au directeur de l'intérieur, qui les sommet au conseil privé.

Art. 205. Tout comptable chargé de la perception des droits et revenus publics est tenu d'enregistrer les faits de sa gestion sur les livres ci-après :

1° Un livre-journal de caisse et de porte-feuille, où sont consignées les entrées et les sorties des espèces et valeurs et le solde de chaque journée ;

2° Des registres auxiliaires, destinés à présenter les développements propres à chaque nature de service ;

3° Un sommier récapitulatif résumant ses opérations selon leur nature et présentant sa situation complète et à jour.

Art. 206. Tout préposé à la perception des deniers publics est tenu de procéder :

1° A l'enregistrement en toutes lettres au rôle, état de produit, ou tout autre titre légal, quelle que soit sa dénomination ou sa forme, de la somme reçue et de la date du recouvrement ;

2° A son inscription immédiate en chiffres sur son journal ;

3° Et sauf les exceptions prévues par les règlements, à la délivrance d'une quittance.

Art. 207. Les comptables chargés de la perception des revenus publics sont tenus de se libérer aux époques et dans les formes prescrites par les règlements.

Art. 208. Tous les comptables sont responsables du recouvrement des droits liquidés sur les redevables et dont la perception leur est confiée.

Ils sont chargés, dans leurs écritures et dans leurs comptes annuels, de la totalité des rôles ou des états de produits qui constatent le montant de ces droits, et ils doivent justifier de leur entière réalisation dans les délais déterminés par les articles suivants.

Art. 209. Un délai de deux ans et demi est accordé au trésorier-payeur et aux trésoriers particuliers pour l'apurement des rôles des contributions directes.

A la date du 30 juin, les trésoriers-payeurs dressent—par arrondissement financier—un état des restes à recouvrer de l'exercice arrivé au terme de sa clôture. Ils soumettent cet état au visa du directeur de l'intérieur, pour servir de titre de perception à la nouvelle prise en charge de ces sommes sur l'exercice courant.

Lorsque l'exercice a atteint le terme de la deuxième année, le trésorier-payeur, à la date du 31 décembre, et le trésorier particulier, à celle du 20 du même mois, font recette—au profit de l'exercice courant—des sommes non encore recouvrées à ces époques au moyen d'une dépense égale à un compte de trésorerie. Ces opérations sont justifiées par un état visé par le directeur de l'intérieur et représentant le montant total des sommes restant à recouvrer par arrondissement financier.

Au 30 juin de la troisième année, le trésorier-payeur et le trésorier particulier—pour leur arrondissement respectif—sont tenus de solder de leurs deniers personnels les sommes qui n'auraient pas été recouvrées ou admises régulièrement en non valeurs, sauf leur recours contre les percepteurs.

A partir du 30 juin de la troisième année, il est accordé aux percepteurs un délai d'un an pour faire rentrer les sommes que le trésorier-payeur et le trésorier particulier auraient été dans le cas de verser au Trésor.

Art. 210. A l'égard de perceptions autres que les contributions directes, chaque comptable dresse, avant l'expiration de l'exercice, le relevé des articles non recouvrés, indiquant pour chaque article les motifs du défaut de recouvrement. Il joint, s'il y a lieu, les pièces à l'appui.

Au moyen des relevés et pièces susmentionnés, les chefs du service établissent, par comptable, un bordereau des sommes dont le comptable devra être déchargé ; un autre, de celles qui devront être mises à sa charge ; un troisième, de celles qui seront susceptibles d'un recouvrement ultérieur.

Le bordereau des sommes à admettre en non-valeurs et celui des sommes mises à la charge des comptables sont soumis aux gouverneurs en conseil privé.

Le ministre de la marine et des colonies, après avoir pris l'avis du ministre des finances, statue sur les cas de responsabilité, sauf pourvoi au conseil d'Etat.

Art. 211. En ce qui concerne les divers produits à encaisser par le Trésor tant au profit de l'Etat qu'à celui du service local en vertu d'ordres de recette ou de reversement, le recouvrement en est suivi à la diligence des liquidateurs ou ordonnateurs des dépenses, qui demeurent chargés des poursuites qu'il peut être nécessaire d'exercer contre les débiteurs.

Au moyen des bordereaux dont la production est prescrite par l'article 12 du présent décret et dont les dispositions sont également applicables au directeur de l'intérienr, agissant comme ordonnateur des dépenses locales, les comptables établissent chaque mois un état détaillé des ordres restant à exécuter au dernier jour du mois précédent. Cet état est remis aux liquidateurs ou ordonnateurs des dépenses dans les trois jours qui suivent celui de la réception par les comptables du bordereau détaillé des ordres émis.

En clôture d'exercice, il est procédé à l'apurement des restes à recouvrer de cette catégorie, comme il est dit à l'article 210 du présent décret. Toutefois les relevés mentionnés à ces articles sont dressés par les liquidateurs ou ordonnateurs des dépenses, qui les soumettent au gouverneur en conseil privé, avec l'avis, s'il y a lieu, des comptables intéressés.

Le ministre des finances statue sur les cas de responsabilité, sauf pourvoi au conseil d'Etat.

Il prend au préalable l'avis du ministre de la marine et des colonies lorsqu'il s'agit de produits appartenant au service local.

Art. 212. Les comptables en exercice versent dans leurs caisses le montant des droits dont ils ont été déclarés responsables.

S'ils sont hors de fonctions, le recouvrement en est poursuivi contre eux à la diligence de chacun des ordonnateurs secondaires, ou à celle du directeur de l'intérieur, suivant le cas, sans préjudice de l'action de l'agent judiciaire du Trésor.

Art. 213. Lorsque les comptables ont soldé de leurs deniers personnels les droits dus par les redevables ou débiteurs, ils demeurent subrogés dans tous les droits du Trésor ou dans ceux de la colonie.

Art. 214. Le mode de poursuites relatif à chaque nature d'impôt, le tarif des frais et l'organisation des agents de poursuites sont déterminés par des arrêtés du gouverneur en conseil privé.

Les arrêtés à intervenir après la promulgation du présent décret ne seront exécutoires qu'après avoir été soumis à l'approbation du ministre de la marine, qui statue après avoir pris l'avis du ministre des finances.

Art. 215. Le contrôle des comptables supérieurs sur les agents qui leur sont subordonnés s'exerce par le visa des registres, la vérification de la caisse, l'appel des valeurs, des pièces justificatives et des divers éléments de leur comptabilité, et par tous les autres moyens indiqués par les règlements de chaque service.

La libération des comptables subordonnés s'opère par la représentation des récépissés du comptable supérieur, qui justifient le versement intégral des sommes qu'ils étaient tenus de recouvrer.

Art. 216. Chaque comptable principal est responsable des recettes et des dépenses qu'il est tenu par les règlements de rattacher à sa gestion personnelle.

Toutefois cette responsabilité ne s'étend pas à la portion des recettes des comptables inférieurs dont il n'a pas dépendu du comptable principal de faire effectuer le versement ou l'emploi.

Art. 217. Lorsque des irrégularités sont constatées dans le service d'un comptable subordonné, le comptable supérieur prend ou provoque envers lui les mesures prescrites par les règlements. Il est même autorisé à le suspendre immédiatement de ses fonctions et à le remplacer par un gérant provisoire, en donnant avis de ces dispositions au gouverneur de la colonie.

L'application de ces mesures aux comptables des produits indirects appartient à leurs chef de service.

Art. 218. Lorsqu'un comptable a couvert de ses deniers le déficit de ses subordonnés, il demeure subrogé à tous droits du Trésor public ou du Trésor local sur le cautionnement et les biens du comptable reliquataire.

TITRE VII

Attributions de l'inspection des services administratifs et financiers en ce qui touche le service financier des colonies.

Art. 219. L'inspection mobile et l'inspection permanente des services administratifs et financiers de la marine et des colonies exercent aux colonies, en ce qui concerne le service financier, les attributions qui leur sont conférées par le décret du 23 juillet 1879.

Art. 220. Comme les inspecteurs en chef envoyés en mission, les inspecteurs permanents attachés aux colonies reçoivent du ministre des finances des instructions en ce qui touche au service financier des colonies.

Art. 221. Dans les colonies où il n'y a pas d'inspecteurs permanents, le directeur de l'intérieur ou, à défaut, un fonctionnaire designé par le gouverneur exerce les attributions dévolues à l'inspection par les articles 10, paragraphe 5, et 12 du décret du 23 juillet 1879.

TITRE VIII

Correspondance du ministre de la marine et des colonies et du ministre des finances avec les agents du service financier des colonies.

Art. 222. Le ministre des finances correspond directement avec les trésoriers-payeurs des colonies.

Lorsqu'il s'agit d'affaires ayant un caractère général ou de dispositions réglementaires intéressant le régime financier des colonies, le ministre de la marine et le ministre des finances doivent se concerter avant d'adresser leurs instructions aux administrations coloniales et au trésorier-payeur.

Art. 223 Les trésoriers-payeurs des colonies correspondent directement avec le ministre des finances pour tout ce qui concerne leur service.

TITRE IX

Dispositions diverses.

Art. 224. Le ministre des finances est consulté sur tous les règlements relatifs au service de la perception des droits et produits appartenant aux colonies et, en général, sur tous les règlements relatifs à l'organisation et à l'exécution des services financiers des colonies.

Art. 225. Des arrêtés des gouverneurs détermineront celles d'entre les fonctions spécifiées au présent décret qui, selon l'importance relative des services, pourraient être réunies dans les mêmes mains.

Art. 226. Dans les colonies où il n'existe pas de conseil général, les attributions de ce conseil seront confiées au conseil privé ou au conseil de gouvernement ou au conseil d'administration.

Art. 227. Sont expressément maintenues les dispositions des décrets des 15 mai 1874, 5 juillet 1881 et 7 octobre 1881 relatifs au régime financier de la Cochinchine, qui ne se trouvent pas modifiées par le présent décret.

Art. 228. Le présent décret est applicable à tous les établissements coloniaux à partir du 1er janvier 1883.

Art. 229. Toutes dispositions contraires au présent décret sont abrogées.

Art. 230. Le ministre de la marine et des colonies et le ministre des finances sont chargés, chacun en ce qui le concerne, de l'exécution du présent décret, qui sera inséré au *Journal officiel* et au *Bulletin des lois.*

Fait à Paris, le 20 novembre 1882.

Signé : JULES GRÉVY.

Par le Président de la République :

Le Ministre
de la marine et des colonies,
Signé : JAURÉGUIBERRY.

Le Ministre des finances,

Signé : P. TIRARD.